edition
merk
würdig

CHRISTOPH SIMON

und das nach vier milliarden jahren evolution

gedichte

inhalt

Moitié-Moitié
2 PERS
400

ich kann mir namen nicht merken.
die wenigsten können es, gottlob.

ich kann mir gesichter nicht merken.
auch das ist okay. bei all den gesichtern.

ich kaufe ein buch und finde dasselbe in meinem
gestell, eingeordnet im abteil gelesene bücher.

ich stehe in der migros und frage mich, weshalb.
bis mir einfällt, dass ich in den keller wollte,
um die wäsche aus der maschine zu nehmen.

ich bin siebenundvierzig. mit siebenundneunzig
werde ich sagen, meine geistigen fähigkeiten
liessen leider langsam nach.

weil ich bis dahin längst vergessen haben werde,
wie früh mein hirn aufgehört hat,
sich um mich zu kümmern.

einen dokumentarfilm über biologische kampfstoffe sehen. im garten einen bunker bauen, hypothek aufnehmen, weiterbauen. puff wegen der baubewilligung.

liste anfertigen: was kommt hinein, was bleibt draussen? batterien ja. dosenbohnen ja. gabi ja. die katze eher nicht. puff wegen der liste.

der heisseste sommer überhaupt.
die vögel verdampfen mitten im flug.

in der stadt tritt eine gesunde, robuste frau aus den lauben
und schmilzt vor aller augen in der gasse –
nur ihre bluse, der rock, die flipflops bleiben
auf dem pflaster zurück.

enorme sterblichkeit. von den bettlägerigen findet sich nichts
als ein getrockneter fleck auf den laken.
tote kühe stehen unter dem verdorrten baum,
fellhüllen auf klauen.

die autos voller blanker knochengerüste. pendler. hausfrauen.
kleinkinder im maxi-cosi. alle erstarrt in dem,
was sie gerade getan haben, als sie verglüht sind:

das bébé mit der zehe in der nase.
einer mit dem erhobenen mittelfinger, um diesen einem anderen
zu zeigen, der mit der handwurzel die hupe gedrückt hat.

die flusswehre sind verstopft mit jungen männern,
die hitzegeschlagen ihre gummiboote durch das sandige flussbett
gezogen und sich im rechen verfangen haben.

im flussbett eine verschlossene kühlbox.
in den staub gesunken,
gefüllt mit heisser, schwerer luft.

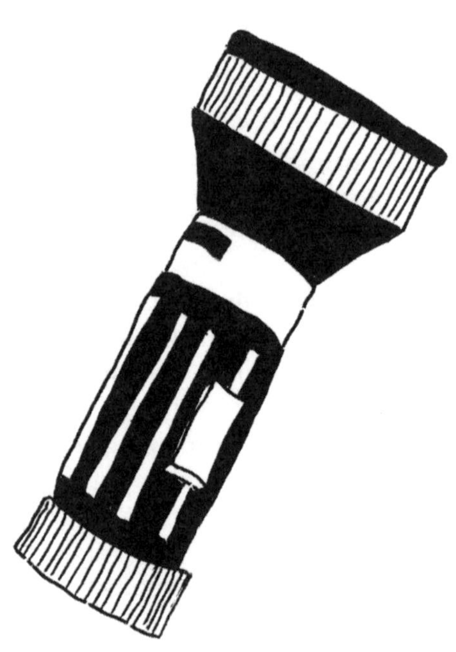

ich kann mit allen:
mit tieren und geistern,
mit hindus und moslems,
mit frauen und allen anderen,
mit denen von hier und denen von weiter weg,
mit denen von der zeitung, und ich könnte
auch mit denen vom fernsehen,
ich kann mit gesunden und kranken,
mit silberblicken und plattfüssen,
mit chirurgischen kunstfehlern und gehörlosen.

nur mit den blinden.
also beim blinden steh ich am berg.
schreie hilfreiche sachen wie: vorsicht, da vorne!
und er erschrickt zu tode, weil er mich nicht hat kommen sehen.
er bittet um eine auskunft,
und ich versuche es im stress mit gebärdensprache,
oder ich sage: einen moment, ich schreib's ihnen auf.

ich kann mit allen, nur mit den blinden kann ich nicht.
ist aber nicht ihr fehler.

zwei ereignisse machten den skitag denkwürdig.

erstens: stillstand auf dem sessellift.

seitlich von einer sturmböe getroffen werden.
das geschaukel mehr oder weniger tapfer ertragen.

durch helm und schnee höre ich die stimme des kollegen:
hätte nie geglaubt, dass so ein gebrechliches gefährt
einem orkan standhalten kann!

was mich nur noch mehr verängstigt.
wir werden eine fabelhafte käseschnitte essen in der bergsonne!,
schreie ich zurück. falls wir es schaffen!

wage es nicht, mich umzusehen und vielleicht festzustellen,
dass der kollege längst aus dem sessel geweht wurde
und ich mir seine stimme nur einbilde.

zweitens: die fabelhafte käseschnitte in der bergsonne.

tagebuch ⇒ beschreiben können wie was.
(was zu sehen ist, was gedacht wird)
kein psychologisieren des „ich“ etc.

notieren ⇒ frei schwadronieren

–welt–f–e
~~[illegible]~~ – frei schreiben

Rivella, Chicken-Nuggets.

Stühle mit ausgesägten Herzen in der Lehne.
Lehne, Handschuhe auf Tischen.
der Fernseher für die Skirennen.

pech haben wollen.
nur ein klein wenig pech haben wollen.

nicht so viel pech haben wollen wie der deserteur,
der vors erschiessungskommando gebracht wird,
weil er nägel geschluckt hat, um bauchweh zu kriegen.

nicht so viel pech haben wollen wie die frau,
die einen prinzen heiratet und dann im palast
auf der dreihundertsten stufe eine fehlgeburt hat.

einfach ein klein wenig pech haben wollen,
um das mitfühlen nicht zu verlernen.

die ersten männer sassen am feuer und grunzten.
hat's noch vom hasen?
du stinkst.

die ersten frauen sassen auf einem ast,
mit baumelnden füssen und säuglingen an den brüsten,
und träumten von einer zukunft am feuer.

die ersten kids nahmen käfer,
wickelten ihnen grashalme um den bauch
und liessen sie auf und ab trudeln.

so begann die geschichte.
vom jo-jo zur eroberung des mondes.

heute besser sein als gestern.

zwanzig verkaufsgespräche,
zehn abschlüsse,
fünf portionen gemüse und obst.

heute alles erreichen.
saxofon,
zärtlichkeit.

heute krisen nutzen.
gewinn und sinn maximieren,
den wunden punkt ignorieren,
sozialer sein als sämtliche schweden.

wer stehen bleibt, rollt zurück.

heute im labyrinth der liebesdinge
souverän bleiben.
posteingangchecken erst
nach dem positionspapierschreiben.

mehr wert sein.

in rage geraten.

im schlafsack unter dem morgenhimmel
wird sie schier verrückt vor wut,
weil er das zelt um sie herum abgebrochen
und den camping heimlich verlassen hat.

zetern und toben,

während die leute ihr geschirr
zu den waschbecken tragen und sich wundern,
wie er den zeltboden unbemerkt
unter ihrem hintern weggekriegt hat.

koriander hassen.
vorschriften.
weisheitszähne.
ohne karte ins gebirge steigen,
angewiesen sein auf die auskunft von hirten und outdoorfreaks.

streiten hassen. lieber bei allem zustimmen.
telefonieren hassen. regungslos verharren in der hoffnung,
dass die gefahr vorübergeht.

thomas hassen. hey, thomas,
hör auf, den frauen im fitness an die muckis zu fassen.
wieso? ich fasse auch männern an die muckis,
ich behandle alle gleich.

sitznachbarn hassen, die beim sudoku mithelfen.
djs mit überengagiertem musikgeschmack.
leere kühlschränke bei gastgebern.

kippt meine leiche, wohin ihr wollt,
ausser in einen kreiselkunstkreisel.

wochenlang auf bierharassen herumklettern.

nun das glück auf dem weinpalett versuchen.
vielversprechender einstieg, durchstieg,
auf anhieb fällt der gipfel.

auf dem grat: schön windstill. kaum die worte hören,
mit denen sie unten den filialleiter dissen.

obwohl die müden glieder noch streiken, beschäftigt sich
der lehrling bereits mit neuen plänen:
dem schnapsregal.

so ist der mensch. nie hat er genug. ein ziel jagt das andere.

die küste.
die möwen, die nadelbäume.
die steinmauern, die telefonmasten.

das rot am horizont.
die tankstellenleuchte.
die scheinwerfer des piaggio ape.

das vibrieren des schiffs.
die klebrige haut, das salz.
die abzeichen auf der uniform des stewards.

dunkelheit, schwarze inseln.
der mond, die sternbilder.
lautlos gleitet die ISS vorüber.

PE

- NEU+ANDERS
  - AUTO
  - GRIECH. K[illegible]
  - LANGER[illegible]
  - ÖKONOMIE [illegible]
  - [illegible]
  - AU[illegible]
  - LAW[illegible] Fahrer
  - KÜCHE – himmlis[illegible] – WEIN+BIER
  - Steindlistrand
  - GRIECH. GÖTTER!
    - Zeus, Hermes, Nike, Ödipus, Herakles, Apollo (1. Gitarre) / mit Schildkröte
    - Demeter
  - ISS
- AUSFLÜGE
  - OLYMPIA – Zeustempel – Stadion Rennen – Museen – Hermes – Nike – Scherben
  - ARKOUDI – Possen – Essen bei KLAUDIA – Strand – klettern – Bayatsis-Turm – DÜNE
  - – Steinklangspiele mit Lena (Ausser Steinlischiessen)
  - Kalogria – HÜNDLI!! – Sandstrand – See + wunderliche Bäume + Bremen – SO SIMPLE by Maria Essen – Glace – Nester (Stelzenhügel) in LAPA
  - Vartholomio – Supermarket – Briefmarken
  - Schloss/Burg Charmoudis (?) bei Kastro
- GLÜCKLICHE MOMENTE
  - LENA: Marla auf Schloss, Cannis spielen. Stand-Up Paddel.
  - YUNA: Marla auf Schloss, eigentlich alles.
  - BASTIAN: DÜNE, Hündli streicheln. Meer.
  - ALLE: Grosse Wellen!!!
- [illegible]TRAS – Hotel Atlanta – Theres: "Ist so cool!" [illegible]zzolongo

Fitness
Sonne
Jassen
WAKIG TACKLE

Auto: – Citroën Elysée

AGINARA BEACH

TODO:
- Rekorde: Beo-T. 2030, Beo-L: 213, B.-B.: 334, Be-Y: 262, L-Y: 277, Be-L: 30
- Postkarten
- BeachBall
- Diabolo
- Lesen: – Top Secret Kids: 222 Kids – Thems: Komikroman – Ri selbst Fanny – Beo: Griechische Mythen
- Jossi-Beo/Thems
- FUSSBALL TERRASSE
- Beo ④
- Strand – Änteli + Toucherli – Schwimmen – Ring
- Pétanque / Tischtennis

ESSEN + DRINKS – Strandbar – Taverne – Laden – Brot – Joghurt

SOCIAL LIFE
- Sibylles: Sibylle, Ami, Kuno, Alois – VW California Gelb – Wild-Campen – ISS !!! Beobachten – Tichu – Zucchetti Spagis + Ofengemüse
- Blumers: Nicci, Anna, Marla Bébé, Linus
- Angelika Chefin
- 2 deutsche Kinder (9 + 7), Diabolo (Tom +
- Thems auf Fähre

ROPA

SPRACHE (Yuna sagt: ähnlich Italienisch)

Auberginen, Tzaziki!!! Moussaka, Souvlaki, Pizza, Spagetti

es gibt unterschiedliche erklärungen dafür,
weshalb der jurist die dissertation nicht eingereicht hat.

eine ist, dass er sie nicht rechtzeitig zu ende geschrieben habe.
eine andere, dass er sie als türstopper verwende.

eine dritte ist, dass er sie zerknüllt und kunst draus gemacht habe.
eine vierte, dass er sie im kugelgrill verfeuert habe.

eine fünfte, dass er origamifiguren gefaltet habe:
einen frosch, ein flugzeug, einen schwan
oder dreissig skirennfahrer in abfahrtsstellung.

eine sechste ist, dass er sie ins erkerfenster gestellt habe,
von wo aus sie einen interessanten schatten werfe.

eine siebte, dass er zwei löcher ausgestochen habe
und sie als maske trage.

eine achte, dass er aus ihr ein daumenkino gemacht habe.

eine erklärung schliesst die andere nicht aus.

thema der dissertation: das gebrauchsgegenständerecht.

die flut führt holz mit sich,
bretter, reisigbündel und tote hühner,

geschirr, gespült und ungespült,
junge hunde in einem korb,
ein kopftuch, strohgarben, ein dach,

einen marder hinter einem eichhörnchen hinter einer nuss,
schlamm und schilf, unknuspriges knäckebrot.

auf einem boot ein paar männer.
der ruderer ist neunundsiebzig, aber noch so rüstig und prächtig,
dass die freunde ihm zur scheidung raten.

eine wasserschlange quert die flut,
den kopf aufgerichtet, mit glitzernder wellenspur.

du hältst mich für dumm.

ich halte dich nicht für dumm.

du unterbrichst mich mitten im satz.
bist nie meiner meinung.
wenn ich versuche, dir etwas zu erklären,
dann sind deine augen ganz leer oder
du schüttelst den kopf und sagst: so ein quatsch.

deshalb weisst du, dass ich dich für dumm halte?

deshalb.

du siehst mir an, was ich denke?

so wie ich dir ansehe, ob du fröhlich bist oder traurig,
ob du dich fürchtest oder dich schuldig fühlst,
ob du lügst oder die wahrheit sagst.

du kannst gedanken lesen.

jeder kann das. gedankenlesen ist unter
menschen entscheidend. schüttle du nur den kopf.

ins postauto steigen.
einmal jaunpass, halbtax.
und die wanderin blickt dem chauffeur und
der chauffeur blickt der wanderin in die augen.

von nun an besteht sein leben aus dem wunsch,
dienst zu haben, wenn sie wandern geht,
und ihres, postauto zu fahren, wenn er dienst hat.

erzählen, wie's früher war,
vor der bevölkerungsexplosion.
der metzger,
der schuhmacher,
die näherin,
der zimmermann.
der blechzuber, die küchenwaage, die kaffeemühle.
der hühnerstall und das einsammeln der eier im hühnerstall.
der sprung über den wassergraben.
das herz in der latrinentür.
der klang der holzzoggel.
alle klassen im selben klassenzimmer.
aber um die wahrheit zu sagen:
man habe damals nicht so sehr auf die details geachtet,
man denke ja nicht die ganze zeit, dass sich gross was ändern werde.

erzählen, wie's früher war,
vor dem internet.
bravo, poprocky, kabelfernsehen.
knight rider, fackeln im sturm, al bundy.
playboy, schlüsselloch, gebündelt in der altpapiersammlung.
aids,
gsoa,
rimini,
petting,
depeche mode,
die sowjetunion,
rauchen im restaurant.
max hat einen videorecorder, wieso wir nicht?
der walkman, der schnüffelstaat, der militärflugplatz.
rumklettern auf dem baustellengerüst.
bei schöde daheim platten von def leppard hören.
für claudia eine kassette aufnehmen.
aber um die wahrheit zu sagen:
man habe damals nicht so sehr auf die details geachtet.
man denke ja nicht die ganze zeit, dass sich gross was ändern werde.

das naturschutzgebiet abschreiten,
die flinte über der schulter.
die drohne sichten und sie abschiessen.

zusehen, wie in naher ferne jemand
mit entgeistertem blick dem sturzflug folgt,
dann zur absturzstelle marschiert,
die fernbedienung in beiden händen.

den piloten an der absturzstelle treffen.
was folgt, sind die klage und die gegenklage,
das fluchen und drohen und der zorn.
was folgt, ist das drama der reinen gewissen.

menschen, die er nicht mag, ermutigt er zu langen reisen.
menschen, die sich nicht rasch genug entfernen,
bekehrt er zum christentum.

ist er gast bei menschen, die er nicht mag, sticht er ihnen
in den ifolor-fotokalendern auf dem klo löcher in die augen.

pubertierende schickt er aufs zimmer und verbietet ihnen,
vor ihrem zwanzigsten geburtstag wieder herauszukommen.

unsichere verunsichert er noch mehr mit fragen wie:
wieso können sie ihre hand durch luft bewegen,
aber nicht durch eine wand?

er hat den kontakt zu seinen verwandten abgebrochen.
aber weil sie sich immer melden, haben sie's noch nicht gemerkt.

Fenist

die umgebung wahrnehmen:
oben und unten,
warm und kalt,
gegenwart und abwesenheit von buttersäure.
tätigkeiten einüben:
kriechen, festhalten, warten.

method acting für die rolle im thriller:
die zecke.

dass ihre mutter überraschend früh nach hause kam,
war ja schon ein schlechter witz.

dass sie sich dann aber ausgerechnet auf maries bett setzte
und diese vollzujammern begann, während mir
unter dem bett die luft aus den lungen gepresst wurde,
das war dann kein witz mehr, sondern überlebenskampf.

ein bier, mami? komm, ich hol dir eins.
aber die mutter sank in die matratze, als suche sie
die ideale stellung, um mich zu ersticken.

mit meiner letzten luft entwichen mir geräusche,
nicht unähnlich den lauten eines alpträumenden hundes.
maries mutter setzte sich auf, ihren schwerpunkt
genau auf meinen kopf verlagernd.

so muss sich ein taucher in der kompressionsphase fühlen.
ich dachte: die ausbeute des nachmittags sind also
ein lungenschaden und ein schädel-hirn-trauma.

da ist etwas unter deinem bett, sagte ihre mutter.
ach was, sagte marie.
doch. bring mir ein küchenmesser.
mir blieb das herz stehen.

ruckartig befreite ich meinen kopf aus dem schraubstock,
schlängelte mich unter dem bett hervor
und stürmte aus dem zimmer.

unten auf der strasse blickte ich hoch, in der hoffnung,
marie möge mir shirt und jeans und schuhe runterwerfen,
aber es war ihre mutter, die sich aus dem fenster lehnte
und sich jeden pickel in meinem gesicht merkte.

seltsam, wie schwierig es wird, natürlich zu gehen,
nur einfach natürlich zu gehen, vielleicht ein wenig rascher
als natürlich zu gehen, wenn du das gefühl hast,
von allen angestarrt zu werden.

die oase.
der schatten,
die fliegen, der durchfall.
der körper ein einziges plumpes gewicht.

die ziege,
die teekanne,
die nomaden, ihr weiss.
der generator für die pumpe.
keine wolken, keine gedanken, keine datteln.

auf der fernen düne eine gestalt.
oase oder luftspiegelung?
sie zieht vorbei.

fräulein! ja, sie! können wir bestellen?
sie sagen fräulein? unter welchem stein
sind sie denn hervorgekrochen?
wenn es nicht zu viel verlangt ist, wenn es ihre berufsethik
nicht überstrapaziert,
dann würden wir jetzt gern was bestellen.
ich mag es nicht, wenn man mir fräulein sagt.
und ich mag keine unverschämten serviceangestellten.
jetzt nehmen sie schon
ihren kleinen block und ihren kleinen stift hervor und …
vielleicht gehen sie besser woanders hin.
für den bub ein schinkensandwich.
einen schönen tag noch.
ich möchte den wirt sprechen.
die wirtin?
bub, komm.

eines tages fragte sich der mann mit dem langen bart
(und nichts war an jenem tag anders als am tag zuvor),

eines tages fragte sich der mann mit dem langen bart,
ob er denn im schlaf den bart über oder unter der bettdecke habe.

beim versuch, ebendies herauszufinden,
verfiel er in chronische schlaflosigkeit.

bei der gartenarbeit einen leichten zwick im rücken spüren.
kein grund, die brissago nicht zu ende zu rauchen.

gebückt zum landhaus humpeln.
begrüssung der kollegen, händeschütteln. der rücken?
panne nur. schmerzhaft, ja. harmlos.

gespräche über rosen und cognac und alte fälle:
der alte staatsanwalt, der alte richter, der alte henker.
sie poltern und wüten, zerschmettern flaschen,
reichen schmerzmittel herum. danke, passt.

eine trockene, fast nur aus salz bestehende träne weinen.
der schöne herrenabend! verteufelt von der bandscheibe.

sich auf den armlehnen hochdrücken.
und mit matter, dürrer stimme sagen:
ich glaub, ich werd dann mal.

der rücken kann.
die ohren taub vom
lärm aller kämpfe.

sich auf den armlehnen des sofas
hochdrücken, so
gut man kann
und ist, wetter stimmen sag i
dürrer
ich glaub, ich werd dann
nach.

ich begleite sie, das wird sie gefallen.
unterhalt, harmlos zwar, panne anderswo
im landhaus, bo weiter gartenarbeit
einen zwick im rücken, gebückt
~~hineingehetzt~~ . wenden humpeln,
lernen fand, die Bossisaga welt
zu ende machen.

Der schöne Hermann wird verteufelt
vom ~~rücken sch~~ aus der
Bandscheibe,

Begrüssung, Händeschütteln,

Umarmungen, Gespräche über

Kosen und Verhörtechniken,

alte gespielte Spielchen,

steif und würdige

gewickelt gehalten dem

Alfredo Traps

während die anderen

noch den Bänken Turnübungen

machen

Walter und Staatsanwalt im

Zimmer herumtanzen,

an die Wände poltern,

sich die Hände schütteln

auf die Stühle klettern

Flaschen zerschmettert

Die Würde des Menschen verlangt

keine Gnade

(Aspekt, Verteidiger?)

vor nicht allzu langer zeit sollte ich ins welschland.
für eine lesung und ein abendessen.

allgemein bewundert und wenig beneidet
nahm ich abschied vom bisherigen leben.
vor mir lag eine grosse fahrt über die sprachgrenze hinaus.

cool stieg ich in den zug nach genf, wobei cool nicht richtig ist,
tatsächlich kletterte ich in den zug mit zitternden knien.
ich machte mich in die romanische schweiz auf,
ohne ein wort französisch zu sprechen! sicher,

man hatte es mir beibringen wollen, eine lange, mühselige
schulzeit lang. monsieur leroc und zut alors.
französisch ist bestimmt eine reizende sprache, babybel,
la vache qui rit, sur le pont d'avignon, aber nichts für mich.
ich fuhr durch den grandvaux-tunnel dem lac und den reben zu,
in der hoffnung, es würde schon irgendwie gut gehen.

und es ging mehr als gut!
ein succès war es, die lesung vor den studentinnen und professoren
in der salle de conférence an der uni! der internationale durchbruch!
dank isabelle, einer engagierten assistentin aus dem hintersten jura,
die ohne zwang oder not deutsch gelernt hatte.

sie dolmetschte meine bezeugungen der bewunderung
für alles welsche von cendrars bis tanner, von cailler bis wawrinka.
beim abendessen fragten mich die gastgeber, ob ich wein wolle.
oui, il veut, sagte isabelle.

weit nach minuit erhob ich mich
und sang in meinem besten trial-and-error-französisch
eine lobeshymne auf die übersetzungskunst,
die mir den aufstieg vom regionalschriftsteller

zum botschafter der völkerverständigung ermöglicht hatte. merci pour tous, verkündete ich fröhlich, ich gehe mourir maintenant.

im zug retour erwachte ich, überzeugt davon, meinem schicksal stehe eine wende bevor. eine jener wundersamen wendungen, von denen ich so oft gelesen hatte: in übersetzungen von ramuz, urech, bouvier, konwicki und sogar in eigenen büchern.

sich jedes wochenende treffen.
durch die stadt ziehen,
nebeneinander in breiter front.

arbeit und familie, glanz und fall.
sich weiter treffen, zum kaffee, zum bier,
zum tausch der zeitungsbünde,
zur feier früherer feldzüge.

der erste stirbt. man begräbt ihn.
beweint ihn. liest einander seine
gereimten chatnachrichten vor:

die passfolgen, mehr als das spiel,
bedeuten unsereins und vielen viel.

die kathrin soll einfach mal
daheimgeblieben sein
und abgewartet haben,
wie lange es dauert,
bis es jemand merkt.

sie bekomme immer noch jeden monat lohn.

im hellen fällt die welt ein.
sie liefert traktanden und einkäufe,
volksparteipräsidenten und news,
die zahl null und ob sie denn existiert.

ausser in burundi sei das risiko im strassenverkehr
in allen ländern afrikas extrem hoch.
für burundi lägen keine zahlen vor.

möge es bald dunkel sein.
im dunkeln verbirgt sie sich.

ein saloon, cowboys, colts und lumpen.
der grösste lump heisst bud, und wenn er die
wahl hat, zu reden oder zu schlagen, dann schlägt er.
whiskey und dirnen, pokertisch und banditen,
ein zerschossenes klavier, dazwischen bud
mit büffellederstiefel und biberhut,
breitbeinig und laut.
wer ihm nicht schnell genug aus dem weg geht,
dem haut er mit seiner pranke mitten rein,
oder er hebt ihn in die höhe und wirft ihn raus.
die flügel der saloontür pendeln vor und zurück,
und bud lacht schallend und schiebt dir ein glas zu.
denn dieser mann ist dein freund.

er schläft mit offenem mund.
füllt den ganzen westen mit seinem geschnarche.
indianer kann er nicht ausstehen, schon gar nicht kriegsbemalte,
und wenn er einen sieht, jagt er ihm zehn meilen nach,
fängt ihn mit dem lasso und wirft ihn zu den klapperschlangen.
dann reicht er dir den wasserbeutel.

der richter hat genug.
das geschnarche, das gebrüll, die morde am helllichten tag.
er zerdrückt rohe kartoffeln, sagt der sheriff.
du hast angst vor ihm, sagt der richter.
der sheriff lädt die winchester, geht in den saloon
und schiesst bud in den rücken.
du begräbst bud und erschiesst den sheriff im duell,
und als sie dich hängen, ängstigt sie dein schallendes lachen.

papa fragen, wieso er mama geheiratet habe.

das sei ein missverständnis gewesen. man habe gemeint, die oma sterbe bald. stattdessen werde sie nur immer älter und lasse sich in ihrer villa in öl porträtieren.

den sohn fragen, wen er denn mal heiraten wolle.

die suslä. weil sie mich mag.

man könne natürlich auch aus liebe heiraten.
das sei schon auch in ordnung.

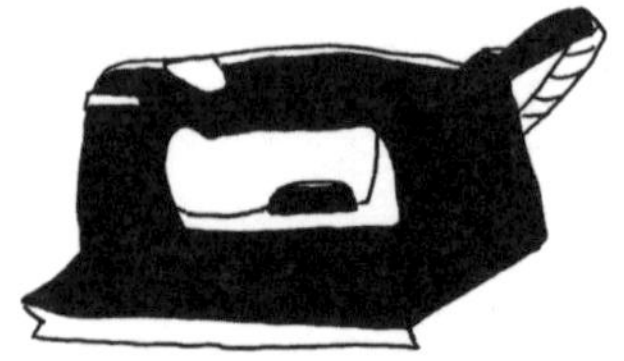

du gebirgstrottel!
du studienabbrecher!
du niederfrequenzdenker!
du spätaufsteher! viertelstalent!
du bohnenstange mit blähbauch!
möge dir der schmutz unter der vorhaut gären!
mögen dir die organe der vermehrung vertrocknen!
statt haare sollen dir glibberige wasserpflanzen wachsen!
du vordichhinblödler!
du tiefsinnvortäuscher!
du treppenabwärtstaster!
du achselschweissfontäne!
mögest du dich spontan entflammen!
möge dir der hosenaufschlag in die fahrradkette kommen!
du textausdünster! schnulzenverein! aushilfspreisträger!
du hundertpfundige mastdarmgeburt!
du elender aufzähler!

aufmunterndes selbstgespräch.

götti hans hat mir von einem schönen garten erzählt.
darin sei ein see, auf dem zögen herrliche schwäne ihre kreise.

ab und zu komme ein mädchen an den see, locke die schwäne heran und füttere sie mit marzipan.

da hab ich dem götti hans sagen müssen:
schwäne fressen kein marzipan.

noch halb im bett eine zigarette anzünden.
sie gleich wieder ausdrücken.
ob ich es ohne aushalte, heute, morgen, für die kommenden
jahrzehnte? für immer teerfreie luft und bewegung,
das volle programm?

die treppe hochkeuchen und sich in den sessel fallen lassen. aus dem fenster sehen. kinder tummeln sich im hinterhof, turnen schwerelos auf dem ahorn. die zigarettenschachtel aus dem müll unter der spüle wühlen. bis mittag durchgehalten. immerhin.

übrigens sei sie schon mehrfach wiedergeboren
worden. in früheren leben sei sie
eine abessinische prinzessin gewesen,
eine vestalin, ein fassbinder, eine squaw.

sie könne sich genau daran erinnern,
wie sie als persischer prostituierter in jerusalem
an der ecke gelangweilt auf freier gewartet habe,
als jesus auf einem esel vorbeigeritten sei.

aber ihr leben als piratin!
unter käpt'n kidd auf der adventure galley!
nein, sie sei keine piratin der vielen worte gewesen.
eher eine piratin der vielen narben.

am meisten habe man an verletzungen verdient:
für einen finger habe ihnen käpt'n kidd 100 piaster bezahlt.
ebenso viel für ein ohr, das doppelte für ein auge.
1500 piaster für ein bein.
da sei bei ihr schon was zusammengekommen.

sie habe aussteigen wollen, solange sie noch
habe aussteigen können. sie habe in madagaskar
einen geruhsamen lebensabend verbringen wollen,
mit zuckerschnaps, mangos und phantomschmerzen,
aber dann hätten die engländer sie geschnappt.
was will man machen.

auf dem richtplatz, als ihr der henker
den strick um den hals gelegt habe,
sei sie enorm gespannt drauf gewesen, zu erfahren,
wer sie als nächstes werde.
sie sei auf der falltür rumgehüpft und habe gesagt:
sind sie sicher, dass das hält?

petra sagen, sie müsse influencerin werden.
aber sie will nicht. sie findet sich wüst.
ihre figur werde von kleidern nicht verstanden.

petra gut zureden. ihre figur sei doch normal.

ihr raten, für zahnbürsten oder popcorn
oder tintenkiller von pelikan zu influencen.
normales für normale von normalen.

sie sind lästig und laut. sie sind schlecht zu fuss.
kulturschaffende.
sie stehen mit offenen gitarrenkoffern im weg rum.

sie gehorchen nicht. sie können nicht sparen.
sie erhalten stipendien.
färben worte schön, um bei den frauen zu landen.

sie wissen nur nebel und sehen nur gefühle
und leiden politisch gerecht.
und wenn du sie fragst:
wo bitte schön ist das versicherungsinstitut so und so?,
dann sehen sie dich an, als fragtest du
nach der dritten nachkommastelle von pi.

verjagt sie, die schwindler und schlawiner!
werft eure trekkingstöcke wie speere,
damit sie ihnen im rücken stecken bleiben!

wir waren bei meinem onkel auf dem feld.

die spatzen sammelten sich um die essensreste,
die wir ihnen hingestellt hatten.
wir warteten, bis es ein rechter haufen war,
und dann bewarfen wir sie mit steinen.

die vögel verstoben und kamen zurück, und wir bewarfen sie.
auch wenn es einen erwischte, sie kamen zurück.

(5)

Ab in die Büsche

→ [illegible] Auswandern

Bürokratie ⇒ Abwandern

⇒ [illegible] +

Stockwerk zügeln langsam drüber nachdenken

Wohnsitzwechsel

Aufenthaltsbewilligung

Zollvorschriften

Impfungen

internationaler Kaufkraftvergleich

AHV-Ausgleichskasse

Steuersatz-Vergleich.

Doppelbesteuerung

+ Heimweh-Prophylaxe

---

die kalte Jahreszeit [illegible] in Uganda Costa Rica verbringen sich zusammensetzen und alles durchrechnen.

rente plus pensionskasse plus das gesparte, das für uns arbeitet.
welches gesparte?
minus miete minus cablecom minus die rate für den geschirrspüler.

minus die kinder. dass die nicht auskommen mit dem,
was sie verdienen!
mit zwei gymnasialschülern sei jedes gehalt zu knapp,
behaupten sie.
sardinien! die brücke an auffahrt! stockwerkeigentum!
überwintern in costa rica!
welches gehalt hält so einen lebensstil denn aus?

wenn wir sparen müssen, lassen wir das lotterielos sein.
oder den kaffee auswärts.
wir könnten den geschirrspüler zurückgeben.
oder du könntest exit. für einen einpersonenhaushalt reicht's.
was würdest du tun ohne mich?
ich mache das bett und nehme einen neuen mann auf.

ich könnte für ein paar stunden einen job finden.
parkwächter? platzanweiser im kino? gibt's alles nicht mehr.
holzofenbauernbrot verkaufen?
holzofenbauernbrot im elektrobackofen gebacken, oder wie?

wir könnten den wohnsitz wechseln.
ins ausland? aufenthaltserlaubnis, zollvorschriften,
impfungen, doppelbesteuerung, heimwehprophylaxe …
weisst du, wir sind wie ein schaf, das auf der seite im gras
im sterben liegt und dabei noch frisst.

bis 2018:
in die stadt fahren.
im bus eine melodie summen,
bis sich alle wegsetzen oder aussteigen oder sagen:
nun seien sie aber still, sie asoziales arschloch!

2018:
in die stadt fahren.
im bus eine melodie summen.
der sitznachbar summt mit, die fahrerin auch,
der ganze bus summt 079 het si gseit –
wer aussteigt, summt weiter und steckt fussgänger an und
immer weiter, bis die ganze stadt summt, brummt, singt,
bis hinauf in münsterturm und bundeshauskuppel.

nach 2018:
in die stadt fahren.
im bus eine melodie summen,
bis sich alle wegsetzen oder aussteigen oder sagen:
nun seien sie aber still, sie asoziales arschloch!

to-be-liste

nimm dir nicht zu viel vor. aber auch nicht zu wenig.
nimm den bügel heraus, wenn du das jackett anziehst.

sei heiteren gemüts.
dein unglück ist nur ein kleiner teil des unglücks, das andere trifft.

erkenne schönheit.
sei eine wohltat.
meide imperative.
geh in den wald.

geh!

geh grillen!
geh gackern!
geh rückwärts!
geh dich gestalten!
geh dich verheiraten!
geh verbrechen erfinden!
geh die bäume belästigen!
geh das gleichgewicht stören!
geh das horn schön leise blasen!
geh die ordnung hinterm chaos finden!
geh in hunderttausend sprachen danke sagen!
hetze mit einem coffee to go durch strassenschluchten!
geh, lass dich von ärzten martern mit bitteren säften und salben!

setz dich und implodiere, aber sei so lieb und geh!

er schenkte ihr alles,
was er sich als geschenk vorstellen konnte:

schirm, handschuhe, flieder,
kirschbaumparkett, weisses linnen,
einmal einen besonders flugschwachen maikäfer,
den er vor dem zertretenwerden gerettet hatte.

zuletzt schenkte er ihr kroatisches klosettpapier
(unerhört zart und doch fest im gefüge,
so die aus dem kroatischen ins deutsche übertragene
anpreisung gemäss google translate),
und als ihm die ideen ausgingen, starb er.

die beschenkte fand keinen schlaf.
erst schrieb sie aufs klosettpapier, dann aufs linnen.
sie spannte es aufs parkett und schrieb ihre trauer nieder,
nacht für nacht auf den knien rutschend,
mit filzstiften, die sie selbst gekauft hatte,
weil sie ihm als geschenk nie eingefallen waren.

neben einem fremden sitzen und so tun, als wäre man allein.
bis der fremde geht und der nächste sich setzt.

neben dem fremden sitzen und ins gespräch finden.
wolken, wetter, wieso quietschen neue schuhe,
wozu braucht der körper fette, wie gross ist pedro lenz,
sind türfallen immer noch böse, geht es einem amerikaner gut,
auch wenn er bei jedem zweiten wort flucht,
wie geht dieses zoom, lieber einen hund oder einen papagei,
wie viel kostet ein fünfermocken unterdessen,
wollen wir einen moment schweigen,
um uns das luftholen und nachdenken zu ermöglichen,
wieso cola bei magen-darm, wieso negativzinsen,
was zählt als zimmer?
bis der fremde geht und der nächste sich setzt.

neben einem fremden sitzen und so tun, als wäre man allein.

er brachte sich selbst griechisch bei. antikgriechisch.
mit einem wörterbuch und einer sophokles-dramenausgabe,
die der vormieter auf dem dachboden hatte vergilben lassen.

später erteilte er den kindern elementarunterricht:
sie sollten griechisch beherrschen wie prometheus das feuer,
wie poseidon die meere.

papa kochte und sprach griechisch,
und die kinder assen und sprachen griechisch,
und mama machte spitze bemerkungen.
ihr habt euch eine sprache beigebracht,
die mit griechisch so wenig zu tun hat
wie ridley scotts gladiator mit römischer geschichte.
du täuschst dich. sophokles hielte uns für geborene griechen.
er würde kein wort verstehen.
wir würden ihn aus den sandalen hauen.

aber papa starb und die kinder wuchsen und vergassen,
die dramen vermoderten im keller,
verschimmelten, wurden von silberfischchen angefressen
und schliesslich von einer räumungsfirma entsorgt.

in seinem letzten traum hatte flottenkommandant sophokles
auf seine begrüssung ein freundliches danke gut, und ihnen?
erwidert und ihn auf dem schiff willkommen geheissen.

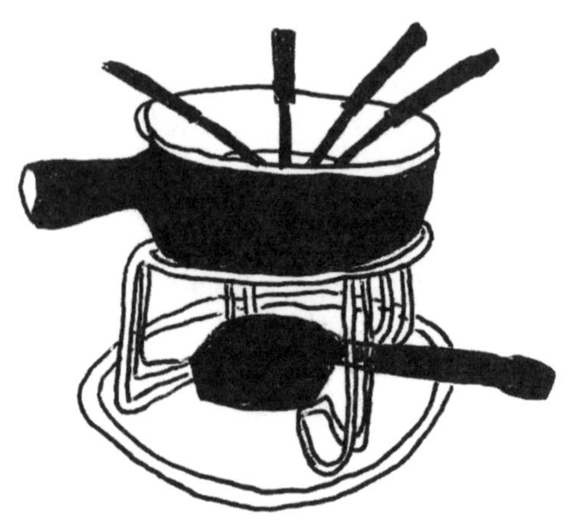

erzähl, sagt sie und kitzelt ihn unter den armen.
hör auf, sagt er, was ist, wenn uns jemand sieht.
sollen sie doch, und sie kitzelt weiter.
dass ich ausgerechnet mit dir den abwasch machen muss, sagt er.
sobald die anderen das geschirr zusammengestellt haben,
verschwindest du auf dem klo, und wenn du rauskommst,
bin ich längst fertig.
meine verdauung hat ihren eigenen rhythmus.
jedes mal dieselbe ausrede.
weitere reklamationen?
du bist mir über die ski gefahren.
nicht absichtlich.
du fährst allen über die ski. ich weiss nicht, was du dir dabei denkst.
ich versuche eine besondere bremsung vor dem lift.
lift, gutes stichwort. ich bin seit der ersten klasse nie mehr
vom bügellift gefallen,
mit dir schon zweimal.
und das ist mein fehler?
hör auf zu kitzeln. echt.
so ein skilager ist voller elend und leid und kummer, sagt sie.
ja. und dann ist es auch noch viel zu schnell vorbei, sagt er.
er nimmt ihr kinn, umfasst es mit der hand. ich sehe mich
in deinen augen.
sag, was du sagen willst.
ich will noch nicht nach hause. ich will mit dir vom lift fallen und
mit dir den abwasch machen, und muss ich dich dafür
an den beinen aus dem klo schleifen.
wir sollten zurück zur party.
deine stirn fühlt sich heiss an.
das ist nichts.
ich mache dir einen tee.
ich will keinen tee.
ich mache dir trotzdem einen.
du schuldest mir noch einen spaghettitanz.

mein vater mähte den rasen.
mähte, während die dohlen von den bergen
heruntersegelten und der himmel schwarz wurde.

er schaute nicht hoch,
beachtete weder den himmel noch die vögel.
er schob den rasenmäher über den rasen,
arbeitete sich weiter vor gegen die hecke,
schritt für schritt und haargenau.
nicht anders, als der gewitterregen auf ihn niederging:
schritt für schritt und haargenau.

wenn mein vater arbeitete, dann arbeitete er,
und es gab nichts in der welt,
was ihn abhalten oder unterbrechen konnte.

beim schreiben eingeschlafen.

darüber ärgere ich mich so sehr,
dass ich mir mit der schere
die finger der schreibhand abschneide.
(ein sagenhaft anstrengendes unternehmen.)

die finger fallen zu boden. schlagen wurzeln,
treiben aus. ein dschungel wächst heran,
und ich gehe hinein. tiefer und tiefer hinein,
so tief, dass niemand mich je finden wird.
(trotz der spur des blutes, das aus den stummeln tropft.)

im zahnarztstuhl öffnet der patient die augen, schliesst sie wieder
und haucht: mir ist alles gleich.

der student zieht die rechnung der swisscom aus dem couvert
und sagt tapfer: mir ist alles gleich.

die sachbearbeiterin versinkt im papier, bringt nichts zustande,
sie seufzt: mir ist alles gleich.

die olympiasiegerin richtet sich ächzend im bett auf,
sieht auf den wecker
und dreht sich auf den rücken. mir ist alles gleich.

der konzernchef mag es nicht, wenn die reinigungsfachfrau
ohne zögern seinen kübel leert.
er denkt: wir sind ihr alle gleich.

wie eine grippe, sagte er.
es macht müde und verkleinert die welt.

früher mit der kawasaki zu konzerten fahren.
jetzt tabletten und vogelgezwitscher aus dem garten.

früher reisen. kunst und stätten.
strandläufe. vom sprungbrett springen.
wimbledon. armdrücken.

er zuckt die schultern.
ich kann mich auch an wenig freuen. an belegten broten.

weisst du, ich hab's mir länger vorgestellt.

die luft ist schlecht.
der tisch ist schlecht.
der wein ist schlecht.
das brot ist schlecht.
der fisch ist schlecht,
voll schlechter luft.
und erst das salz! unrein!
wir müssen den tatsachen ins auge sehen:
der koch ist schlecht und die karte eine katastrophe.

die suppe war schlecht.
ihr schaum war schlecht, und die pinienkerne
waren überhaupt keine pinienkerne!
die spargeln mit himbeervinaigrette schmeckten
wie autobahnvignette.
das amuse-bouche war ein schlag in die fresse.
die kellnerin kellnert doch überhaupt nicht!

das filet wird schlecht sein und erst das sorbet,
komm mir nicht mit sorbet.
komm mir nicht mit ziegenkäsesorbet
im bierteig mit eingelegten birnen.
wenn sie schon suppe nicht können,
wie wollen sie dann ziegenkäsesorbet
können, im bierteig mit eingelegten birnen?

und das nach vier milliarden jahren evolution!

seit sie ausgezogen sind, lebt er im bademantel,
die füsse auf einem hocker.

joe satriani spielt gitarre für ihn.
clint eastwood erledigt schurken.
der postillon erklärt die welt.
der kurier bringt den food bis zur tür.

pippa die puppe liegt auf dem boden,
die klimperaugen zur decke gerichtet.
wenn er mal muss, steigt er über sie,
manchmal steht er auch einfach drauf.
dann beginnt sie zu weinen. pippa hat technik im bauch.

nicht dass ich mich einsam fühlte,
aber wieso nicht die dachterrasse
der öffentlichkeit zugänglich machen?
pippas panoramabar.
wie klingt das für dich, mädchen?

na, führen wir weiter unser ruhmloses regiment.
hüten wir uns vor zu viel erfolg.

angst vor fäden haben.
(fragt nicht, wie man vor fäden angst haben kann.)

angst vor fäden haben:
vor garn und zwirn,
vor fransen und zotteln,
vor jeglichen biegeschlaffen gebilden.

also versteckt seine schwester eifrig fäden an orten,
wo er sie finden muss:
in der znünibox,
auf dem toilettenpapier,
in den socken.
ganz furchtbar: fäden zwischen den zehen.

da er nicht dahinterkommt, dass sie dahintersteckt,
muss sie den aktionsradius ausweiten:
schuhbändel auf dem kissen,
schnüre unterm schaum in der badewanne.

seine hetzjagden und vergeltungsschläge fürchtet sie nicht.
im gegenteil. den übergang zum offenen geschwisterkrieg
markiert die vorhangkordel an seinem trottinettlenker.

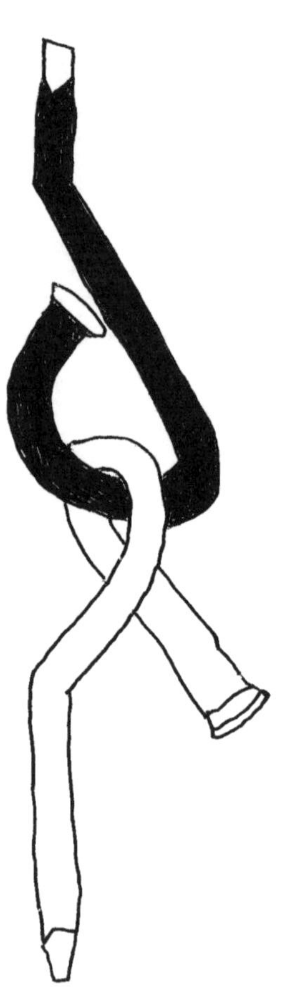

gib uns irgendwas.

zahlenpaare:
2/7
8/77
24/711

wortpaare:
baum/mond
klar/wässrig
schmetterball/reck

fordere uns auf, regelmässigkeiten zu finden.

und wir werden sie finden.
wir werden knobeln und kombinieren
und formeln formulieren,
an denen wir festhalten, auch wenn du zugibst,
zahlen und worte willkürlich gewählt zu haben.
wir werden glauben, gesetze entdeckt zu haben,
die dir entgangen sind.

wir werden finden und festhalten. sieh dich vor.

er klappt das notizheft zu.
bringt ja doch nichts.

dann klappt er es wieder auf.

seiner wege gehen und

einen baum fällen,
eine kuh entkalben,
die honorarforderung erhöhen, bis der kunde aufgibt,
und dann wieder seiner wege gehen und

auf strassenschilder spucken,
den altkleidersack durchforsten,
sich im gehen in einen stichelhaarigen hinterkopf verlieben,
himmel und hölle spielen und weiterspielen und
zum neumond starren,
sich auf die unterlippe beissen und nach unten starren,
bis die kundin aufgibt,
und wieder seiner wege gehen und

das ferkel von den zitzen der sau entwöhnen,
den kapitalistischen blutsauger
von den venen der arbeiter entwöhnen,
in den offenen gully hinuntersteigen und den hut
des chansonniers heraufholen,
fremde lederschuhe imprägnieren,
die chromspeichen eines rollstuhls putzen,
die wahrheit finden und loslassen und
der kundschaft ausweichen.
und wieder seiner wege gehen und
weiter wunder und werke tun.

überallhin gehen dürfen, nirgends ankommen müssen.
überallhin gehen müssen, nirgends ankommen dürfen.

das studium abschliessen und noch in der gleichen woche
beim vater im betrieb einsteigen.
zubehör und ersatzteile. eigenes büro, nett eingerichtet.

an der wand ein bild vom firmengelände um neunzehnhundert:
kühe auf der weide, fern die berge.
das unizertifikat danebenhängen, in gold gerahmt.

auf dem schreibtisch mutters notiz:
bitte rasch den laden übernehmen!
sie wünscht sich vater bald im ruhestand.

natürlich:
natürlich kommt es immer anders.

natürlich joghurt nature bei darmträgheit.
das volk darbt, ihre majestät natürlich ausgenommen.

gibt es etwas unnatürlicheres, als hinzustehen, angestarrt
zu werden und sich natürlich benehmen zu müssen?

natürlich passen die schuhe nicht zum anzug. aber sollten
die leute auf deine füsse achten, hast du eh verloren.

oder die geschichte, wie groucho marx
an einer party champagner aus dem schuh
von sophia loren getrunken habe.
was natürlich absoluter unsinn ist.
die loren wollte den schuh nämlich nicht ausziehen,
weshalb groucho den champagner aus ihrer handtasche trank.
und dabei beinahe erstickte, weil er den lippenstift verschluckte.

das weiss ich jetzt schon: wie erstaunt ich sein werde,
wenn arnold schwarzenegger etwas so natürliches tun wird
wie sterben.

sich in eine passantin verlieben.

nicht glotzen. sich nichts anmerken lassen.
locker hinterherschlendern.

als sie am schaufenster stehen bleibt,
geht er an ihr vorbei, verlangsamt seinen schritt,
hält inne, sieht sich um, als hätte er etwas verloren.
er bückt sich, als suchte er den boden ab,
und blickt unter dem arm hindurch nach ihr.

sie streckt die hand aus und hebt den kopf.
rasch reagieren. schirm reichen.

sie zögert. entscheidet sich für: danke, nein.
keinen druck machen. schirm und sich selbst zurückziehen.

wie schade. ein kauz, kein kondor.

wie schade, dass wir keine terrasse haben
für diejenigen, die das fussballspiel nur hören möchten.

wie schade, dass wir keine montblanc-füllfeder haben,
um dem verdienten mitarbeiter ein ordentliches
kündigungsschreiben ausstellen zu können.

wie schade, dass wir keine kinder haben,
die die schwierigsten stücke vom blatt spielen,
sogar wenn die noten auf dem kopf stehen.

dass wir auch jedes jahr ein gerät im sardischen sand versenken!
den walkman, den discman, den mp3-player, das smartphone.
die entwicklung der zivilisation lässt sich an unseren
schadensformularen für die versicherung ablesen.

wie schade, dass wir nur dieses kleine fenster haben.
ein schönes stück himmel füllt es.
wie schade, dass wir nur dieses eine kleine fenster haben,
gerade so weit entfernt, dass wir es nicht erreichen.

wie schade das alles aber auch.

er schüttelt den kopf. was für eine last es ist,
die kinder dazu zu bringen, das geschirr rauszutragen.

sie lassen die hälfte stehen, um ihm zu zeigen,
dass sie sich nicht wie sklaven behandeln lassen.

er braucht zwanzig jahre, um sich an sie zu gewöhnen.
so lange brauchen sie, um sich von ihm zu befreien.

rita ruft,
und alle kommen,
um ihr im haushalt zu helfen:

der gatte, die brut, der untermieter,
die van lindens, die grubers, die cousine,
der skilehrer, der volleyballvereinsvorstand,
die inuit und jakuten, die russen und ukrainer,
die letten und esten und guatemalteken und iren,
die madagassen und schotten und swasi und zyprer,
die tataren und kirgisen und kalmücken und eine chinesin.

und aus dem fröhlichen wischen und waschen und
spülen und bügeln, dem bündeln und flicken und
putzen und giessen, dem mähen und füttern und
umtopfen und radwechseln, dem lüften und
leeren und saugen und pflegen und
dem batterien-zur-sammelstelle-bringen wird:

das gute im bösen.

alle waren voll. die ganze kompanie war voll.
die ganze nacht marschierten wir auf der landstrasse
in der dunkelheit und güllerten gin.

der korporal kam nach hinten und sagte:
macht wenigstens die zigaretten aus.

die letzten fünfzehn kilometer waren wir im kreis marschiert,
weil der leutnant die karte falsch herum gehalten hatte.
aber was ihn störte, war die glut.

physisch liebt er sie noch genauso sehr wie zuvor.
es schmeichelt ihm nach wie vor, dass beide zu ihm halten.
und krach gibt's auch noch immer nur vor feiertagen.

sie würfeln, mit wem er die nacht verbringen wird.
er jongliert mit kosenamen, damit sie sich gleichmässig abnutzen.

der glückliche moment, als sie endlich eine badewanne
gefunden haben, in der man vernünftig zu dritt baden kann!

manchmal träumt er, sie hätten ihn verlassen.
ein traum, aus dem er wohlgelaunt erwacht.

andererseits mag er nicht woanders hin, um irgendetwas
anderes zu sein als das, was sie zusammen sind.

ich kann lesen, schreiben und wurzelrechnen,
ich müsste reich sein. ich müsste einer tollen,

mit schmuck behängten blondine vorstehen.
ich müsste mir den stammbaum erstellen lassen.
an meinen namen knüpfen sich profis bis runter zu samson.

ich kann lesen, schreiben und wurzelrechnen.
mir gelingt in stunden, wofür andere ihre lebenszeit brauchen.

ich müsste banken ausräumen. strumpf im gesicht. karabiner
kaliber 12 mit abgesägtem lauf. aufmüpfige bankangestellte
bekämen ein loch in die brust, in das ein osternest passt.

ich kann lesen und schreiben und was soll's. der fortschritt
ist auch nur ein rückschritt in wacklige verhältnisse.

erst noch:
die tasse raustragen,
den schwimmsack auspacken,
die kreisfläche berechnen,
die schulden begleichen,
twint herunterladen,
die fenster öffnen,
die hirse jäten,
ein ei braten,
die krawatte lockern,
im anhang wie besprochen,
die elektrische zahnbürste aufladen,
den slime fürs göttikind craften,
eintracht stiften,
ausloggen,
die möbel aus dem weg räumen.

aber dann:
aber dann.

mit latzhosen bekleidet im baum hängen.
der ast hält, die hosenträger halten.

mit einem passanten über das wetter reden.
über den föhn, den matsch, die verschiebung der schneegrenze.
ein angenehmes gespräch.

im baum hängen und in die krone hinaufschauen.
im wind hin- und herschaukeln.

nun ist er also heimgekehrt, der

fiebernde poet, ~~[illegible]~~,

seine Rosinante ~~ist satt~~ gefüllt, das Geld hinterlegt,

noch immer voller Liebe / ein fiebernder Poet ohne

Liebe ist ~~[illegible]~~ nur ein Baum ohne

Laub und Frucht, ein Leib ohne Seele [illegible]

doch ~~[illegible]~~ – vom Schachbrett en[illegible] ~~Brücke~~ [illegible] unternehmen.

[illegible]

Ich wissen will, ob wir über ihn lachen oder weinen sollen oder vergessen?

der Poet ohne Bühne, der Kampf[illegible] Reich,

~~vom Schachbrett der Welt~~.

[illegible],

in die Welt der grossartig gezeichneten Sprache,

in sein [illegible] geliebtes Land, nur

bescheiden ausgestattet mit Rohstoffvorkommen,

von wilden Flüssen durchflossen die welt

weil von dem [illegible] Mittelweg zwischen

Dürre und Überschwemmung [illegible]

heimgekehrt in Zeiten, die dazu angetan sind,

den Menschen in Verwirrung zu stürzen,

aus menschenleeren ~~leeren~~ Strassen, aus ~~[illegible]~~ ~~[illegible]~~ nur mit Schwarz

wo die Menschen warten auf

Geld der Bürokratie – und die ~~[illegible]~~ Ärzte [illegible] ihre Patienten mit dem [illegible] [illegible] selber

~~Doch [illegible] ist [illegible] [illegible] Bürokratie + [illegible]~~ Hölle

~~Arbeit~~

Lange weilt er [illegible] poetisch sein

der Ocean aus [illegible] ist [illegible] aber [illegible] ist [illegible] [illegible] [illegible] [illegible] [illegible] Kinder

Langst.: Die Kunst ist stumm, die Technik ist [illegible]

~~[illegible]~~ heimgekehrt [illegible]

~~[illegible]~~ und ~~[illegible]~~ + [illegible] Hölle, Tagesschicht. [illegible]

nun ist er heimgekehrt, ins gebirgige land
seiner mürrischen ahnen mit ihren
grossartig geratenen speichern und ihren kalten wintern.

wenn das quecksilber im thermometer gefriert,
nehmen die mütter das beil, um das brot zu brechen.
die söhne müssen aus dem traktorsitz gehoben werden,
weil sie von den zehen bis zu den fingern steif sind.

in ihren feldern stumpft die sense an den steinen ab.
der wein aus ihren gärten ist sauer.
aber ihr käse ist berühmt.

an den hängen grasen die hochlandrinder,
zugleich innerhalb und ausserhalb dieser zeiten,
die angetan sind, einen menschen zu verwirren.

heimgekehrt ist er, der fahrende poet.
zu hütte, herd und holz.
über allem ein unbekümmerter himmel.

und in den schönsten traumlosen schlaf
trampelt ungeniert eine wandergruppe.

drei tage lang kannst du an seiner schnur ziehen,
und der ballon schwebt zurück zur decke.

am vierten tag findest du ihn am boden, wo er
schrumpft und schrumpft. springst du auf ihn,
gibt's keinen knall. zwei würste quellen unterm fuss hervor.

hättest ihn im garten loslassen sollen, in den himmel.
hättest ihm nachgeschaut, nachgeschaut.

was passiert als nächstes?
schauen die gänse zum fenster herein?

werden wir frech und essen das süsse vor dem salzigen?
auf wessen kranzschleifen sticken wir bald: bis bald?

holen wir uns hinter dem haus ein paar holzlatten und
reparieren ihn tatsächlich noch, den lattenrost?

was passiert uns noch, was sich des niederschreibens lohnt.
uns alten männern von wenigen müden worten.

lieben.

den süden lieben.
den pazifik.
die dämmerung.
den ersten martini des tages.
die recherche lieben, auch vergebliche.
tiere jeglicher gestalt. lebend, präpariert.
die blumen, die schnittblumen und die wilden und die unkräuter.
mozart.
gerhard meier.
miles davis live in montreux 1989.
die briefe michelangelos.
mexikanische hüte.
toyota hilux.
klimmzüge und liegestütze.
gerösteter sesam und meersalz.
den nachthimmel lieben, cassiopeia, orion, den grossen wagen.
die alphütte: wasser beim brunnen holen,
holz hacken, feuer machen,
eine fliege fangen mit der hohlen hand.
die wörter. kein antiquariat auslassen,
wo immer man durchkommt.
die gefährtin, die tochter, die tochter, den sohn.
die fliege aus der faust herausklettern lassen.

geld und geist,
krieg und frieden,

stolz und vorurteil,
rente und sinnkrise,
trauern und stinken,

kaliber und spurensicherung,
schlafwaggon und luftballon,
humor und schwangerschaft,

miezen und nerds,
möwen und löwen,
höchstgeschwindigkeit und pantoffeln,

suff und sühne,
schlaf und erdbeeren.

«Merkwürdig» ist ein Wort, das oft mit schräg, unkonform, speziell oder komisch assoziiert wird. «Merkwürdig» kann auch bedeuten, dass etwas würdig ist, es sich zu merken, oder dass es bleibenden Charakter hat, dass es berührt, bewegt und zu Gedanken anregt.

Das Lebensmotto des Herausgebers prägt dessen Arbeit mit Menschen und steht auch Pate für die Edition. Hier werden merkwürdige Autorinnen und Autoren publiziert und der Leserschaft gezeigt.

Die Edition wird durch drei Stile oder Linien in Erscheinung treten, wobei der Hauptfokus auf der klassischen Edition liegt.

«merkwürdig klassisch» bietet Bühnentexte sowie vielseitige Prosa und Lyrik, die in einheitlicher Erscheinung eine Sammlung bilden und für Qualität und Kontinuität stehen. Der Auftakt der «edition merkwürdig» macht Christoph Simon mit seinem Lyrikband in dieser Serie.

«merkwürdig anders» präsentiert Bühnentexte oder spezielle Textkreationen, die durch weitere kreative Elemente ergänzt werden. In diesem Bereich erschien im Frühling 2021 ein Buch von Dominik Muheim und Valerio Moser mit Dialogen über spezielle Orte: «Und was die Menschheit sonst noch so zu bieten hat».

«merkwürdig leben» steht für Fachpublikationen aus dem psychologischen Umfeld sowie Coachingthemen.
www.edition-merkwuerdig.ch

Welche zwei Organisationen hinter der Edition stehen

Kunstprojekte.ch wurde 2012 von Rainer von Arx und Christa Hirschi gegründet und hat sich als Agentur für Spoken Word und Kabarett mit einer breiten Palette von Bühnenkünstlerinnen und -künstlern als Kulturvermittler etabliert. Das Angebot wird ergänzt durch Kulturprojekte, Produktions- und Projektleitungen sowie Vermittlungsangebote.
www.kunstprojekte.ch

Der Verlag Der gesunde Menschenversand ist der wichtigste Partner für Produktionen im Spoken-Word-Bereich und vertritt mit seinen Werken viele wichtige Künstlerinnen und Künstler dieser Kunstform. 1998 von Matthias Burki und Yves Thomi (bis 2007) gegründet, hat Der gesunde Menschenversand bis heute überlebt. 2014: Schweizer Verlag des Jahres (Schweizer Buchhändler- und Verlegerverband). 2016: Weiterschreiben-Preis der Stadt Bern. 2018: Preis der Landis & Gyr Stiftung an Verleger Matthias Burki.
www.menschenversand.ch

Die Publikation war nur möglich durch

Der Herausgeber dankt herzlich

Christoph Simon für seinen pionierhaften Einstieg in die Edition sowie sein Vertrauen und die gute Zusammenarbeit, es ist schön, mit ihm unseren ersten Meilenstein gesetzt zu haben; Giuliano Musio für sein sehr aktives und bereicherndes Mitwirken, Matthias Burki und Thomas Knapp für die Einführung in die Verlagswelt, Petra Bürgisser für ihr Herzblut für die Gestaltung und dem Team von kunstprojekte.ch für die tatkräftige Unterstützung im Hintergrund.

ISBN: 978-3-03853-112-8

Herausgeber: Rainer von Arx, kunstprojekte.ch
Illustrationen: Christoph Simon
Gestaltung und Satz: Petra Bürgisser
Lektorat und Korrektorat: Giuliano Musio
Druck und Bindung: Pustet, Regensburg
www.edition-merkwuerdig.ch